AF284960

Calìs

Von Augen,
die nach innen blicken

Was sehen Augen, wenn sie nach innen blicken?

In sieben Kapiteln versucht diese Sammlung
aus Gedichten und
ausgewählten Poetry-Slam Texten
sich dem anzunähern,
was uns allen innewohnt.

Von Augen,
die nach innen blicken

Poesie und Lyrik

Calìs

ISBN: 9783756808625

Herstellung und Verlag: BoD- Books on Demand,
Norderstedt.

Bibliografische Information der Deutschen
Nationalbibliothek:
Die Deutsche Nationalbibliothek verzeichnet diese
Publikation in der Deutschen Nationalbibliografie;
detaillierte bibliografische Daten sind im Internet über
http://dnb.dnb.de abrufbar

Für all diejenigen,
deren Blick nach innen gerichtet ist.

Und für all jene,
die sich,
den Blick nach außen gerichtet,
im Ganzen wiederfinden.

Inhaltsverzeichnis

... in mir.

Vorwort

Wie fragil ist doch
jeder Augenblick,
jeder Atemzug, den ich nehme,
und bei dem ich weiß:
Dieser Moment kommt so
niemals wieder zurück,
wird wie ich zu Asche werden und zu Staub,
wird sich im Wind verlieren und vergehen.

Doch trotz dieser Fragilität,
oder erst recht ihretwegen,
blüht in mir der feste Glaube:
etwas bleibt.

Kapitel 1:

Vom Sinnsuchenden

Suchend
lief ich durch mein Leben,
bis ich verstand,
dass das,
was zu uns finden soll,
schon lange vor
unserer Suche
bereits
in uns
blüht.

Die endlose Spirale

Was ist das Sein anderes
als eine endlose Spirale
aus sich heraus und in sich wieder hinein?

Wenn ich irgendwo beginne,
werde ich auch irgendwo aufhören,
und wo ich aufhöre,
beginne ich erneut
auf mir noch unbekannte und unermessliche Weisen,
die ich zu verstehen begehre,
die ich aber doch nicht fassen kann.

Wenn ich eines
in dieser endlosen Gedankenspirale begreife:
In der Ahnung eines
uneingeschränkten, unendlichen Universums
komme ich
in meiner Eingeschränktheit
endlich an
bei mir.

Sind alle
Sinnsuchenden
einsame Sterne?

~ Nächtliche Frage an Alphard. ~

Strandgeflüster

Aus unermesslichen Tiefen
spülen tiefblaue Wellen,
sich brechend in zartem, weißem Schaum,
Wasser und Salz aus weiten Meeren
auf Muscheln,
die auf Sandstränden ruhen.

Aus unermesslichen Höhen
spiegelt sich die Sonne,
allwissend,
zart und mächtig,
auf Wasserwogen,
die, umspielt vom Wind,
hörbar zu funkeln beginnen.

Aus unermesslichen Gründen
erahnen Sandkörner am Strand
stillschweigend
das Geheimnis,
das die Welt
zusammenhält.

<u>Von alleine</u>

Suchend
nach Antworten
auf all die Fragen,
die sich in meinem Kopf
verfangen,
finde ich unerwartet
eine Antwort,
die alles verändert:

Nichts lässt sich erzwingen.
Antworten kommen,
sobald sie zu uns finden sollen.

Hinter angelehnten Türen
von Träumen,
die meine Seele durchziehen,
erahne ich

mich.

Worte werden so oft
hinuntergeschluckt,
stillgeschwiegen,
verbleibend in stillen Tiefen,
die sich zwischen Menschen ziehen
und sie voneinander trennen.

Wie einsam machen
diese unterdrückten Worte.

Wie einsam sind Menschen,
die nur darauf warten,
dass andere das Wort ergreifen.

In seinen Augen

Seine Augen sprechen von unbekannten Orten
und von durchlebtem Schmerz,
der zu groß ist,
um ausgesprochen zu werden.

Seine Augen spiegeln Träume und Wünsche,
erzählen von Winden, die alles Bekannte aufwirbeln,
sprechen von der Kraft des Loslassens und
vom Wunsch des Ankommens.

Und während ich in seinen Augen
vergeblich eine Antwort auf all meine Fragen suche,
wird mir durch seinen Blick
eins unverkennbar bewusst:

Dass wirkliche Freiheit nur von innen kommen kann.

Nebensächliches
zeichnet sich ab
und wird
greifbar.

Eine Zypresse bist Du,
groß und stark erhebst Du Dich über die Dinge,
die Dich umgeben,
und wirfst Deinen wandernden Schatten auf all das,
was Du erreichen kannst,
während Dein Blick die weite Ferne sucht.

Eine Zypresse bist Du,
während in Dir lebendiges Wasser strömt,
das Du aus Deinen Wurzeln beziehst,
die fest in der Erde verankert sind, die Dich umgibt,
und die Dir Stabilität und Sicherheit schenkt,
wenn der Wind mit Deinen Zapfen spielt.

Eine Zypresse bist Du,
von außen betrachtet,
während sich in Dir ein weites Meer erstreckt,
das sich durch Stürme in tosenden Wellen auftürmt,
um dann in eine innere Ruhe abzuflachen,
die sich zwischen Dir und
Deinen Sehnsüchten erstreckt.

Eine Zypresse bist Du,
lang gestreckt, in die Höhe ziehend,
um das zu erreichen oder zu erahnen,
was sich über allem befindet.
Ein Meer bist Du,
das, rechts und links ziehend, bis in die Ferne reicht,
um dort unerwartet auf fremde Ufer
- wie meine- zu treffen.

Auf meinen Lebenswegen
blühen immer wieder
die Worte
meiner Nonna
in mir auf:

„Se sono rose, fioriranno."

~

„Wenn es Rosen sind, werden sie blühen."

Wie viel Schönheit
würde ich im Spiegel sehen,
wenn mich
aus meinen Augen heraus
die Person anschauen würde,
die mich
bedingungslos
liebt?

Frage
auf der Suche
nach Liebe
zu
mir

.

Nach meinem Monolog
schaute ich Dich fragend und bittend an,
da ich durch Deinen Rat oft das verstand,
was noch verwirrt und verknotet
schwer auf mir lastete.

„Es ist zunächst nicht wichtig zu verstehen,
wer die Liebe deines Lebens sein soll",
antwortetest Du.
„Es ist wichtig zu verstehen,
wie dein Leben sein soll."

Mich finden

Mich finden.
Nicht um deinetwillen,
sondern um meinetwillen,
um mich zu kennen,
und zu wissen-
oder zu spüren-
was ich mir wünsche,
und was ich brauche,
und um den Unterschied
zwischen beidem zu verstehen.

Mich finden.
Nur um meinetwillen.
Und dabei Dich finden.

Ich sehe in Dir das,
was Du sehen solltest,
wenn Du in den Spiegel siehst,
um in Deinen Augen
das zu finden,
was Du in meinen Augen
schon längst gefunden hast.

Auf einmal macht alles Sinn

Alle Höhen, alle Tiefen,
alle verwinkelten und steinigen Pfade,
alle Abbiegungen hinter Abbiegungen
auf der Suche nach dem Weg,
der wohl geebnet ist,
und der dennoch
aus mir heraus entsteht.

Ich traf Dich.

Und auf einmal
macht alles
Sinn.

Poetry-Slam: *Quarterlife crisis*

Mitte zwanzig, hört man alle sagen,
ja, da ist man noch so jung,
hat das Leben so ganz vor sich,
lebt in den Tag hinein, mal schlau, mal dumm.
Alles kann man noch erreichen,
nichts scheint zu weit weg zu sein,
und die Nächte, die man durchtanzt,
kommen so schnell nicht mehr herbei.

Ich sehe das alles auch ganz genauso,
aber wovon keiner so wirklich spricht,
ist, wie schwierig es manchmal ist,
wenn man so Mitte zwanzig ist.

Denn wir leben in einer Welt,
in der sich alle ständig vergleichen,
nur um irgendwelche Ziele besser und schneller
als andere zu erreichen.
Und wir leben in einer Zeit,
in der sich alles ständig verändert,
so schnell, dass man oft selber nicht mehr versteht,
wo und wann es um die eigenen Grenzen geht.

Es ist schwer zu verstehen, was ich wirklich will,
während die Welt so laut ist, bleibt in mir so viel still.
Es ist schwer zu begreifen, wie und wer ich bin,
nicht oberflächlich, sondern ganz tief in mir drin.

Und so verirre ich mich oft auf Wegen,
die fernab von meinen Wünschen liegen.
Obwohl ich doch jetzt eigentlich mal
meinen Weg kennen müsste,
ich bin ja schließlich schon erwachsen,
aber irgendwie doch noch ein Kind,
zumindest, so scheint es, ganz tief in mir drin.
Die Leute um mich herum sagen:
Du bist für dein Alter so reif,
doch was sie nicht sehen, ist,
dass ich so viel vom Leben noch gar nicht begreif.

So Mitte zwanzig steht noch viel in den Sternen,
und wir haben noch so viel zu lernen.
Aber im Grunde suche ich ja nur nach meinem Sinn,
um zu verstehen, wer ich wirklich bin.

Wie ich mit der Quarterlife crisis umgehe?

Ich renne.
Ich renne davor weg.
Und ich renne und ich renne,
manchmal vorwärts, doch eher nur im Kreis.
Renne weiter, immer weiter, ohne Pause.
Ich laufe und laufe und laufe,
und hoffe irgendwann, irgendwo anzukommen,
aber irgendwie klappt das doch nicht so,
weil die Wege immer länger werden
und die Kreise immer breiter,
und ich renne und ich renne,

aber komme doch nicht weiter.
Ich habe keine Zeit mich umzublicken,
starre nur vor meine Füße,
die mich rennend, laufend, fluchend
ständig weitertragen müssen.
Mein Sympathikus ist hochreguliert,
fight or flight mein Lebensmotto,
und wenn ich nicht über das nachdenke,
wovor ich wegrenne,
ja, dann geht es mir auch ganz gut,
denn wenn ich mich dem nicht stelle,
dann versagt irgendwann vielleicht die Sorgen-Quelle.
Das denke ich zumindest immerfort,
und renne einfach weiter vor den Problemen fort.

Doch auf einmal: wumm, renne ich in Dich,
denn Du stehst mitten auf meinem Weg,
den ich doch rennend, laufend beschreiten muss.
Doch ich komm nicht an Dir vorbei,
Du versperrst den ganzen Pfad.
Mein Blick wandert von meinen Füßen
hoch in Dein Gesicht,
das mich anblickt, still und ruhig.
Und irgendwie ist es seltsam
so ruhig da mit Dir zu stehen,
denn meine Füße wollen rennen, laufen, gehen,
und mein Herz rast wie verrückt,
doch Du schaust mich einfach an,
ohne etwas zu sagen,
still und ruhig.

Schaust mich an, wie niemand je zuvor,
weil Du mich irgendwie zu sehen scheinst,
hinter meiner aufrechten Fassade,
schaust hindurch,
und blickst mich direkt an.
Und auf einmal sagst Du mir:
„Hey, du bist so richtig",
und „Ja, du bist mir wichtig",
und genau da wird mein Rennen nichtig.
Denn so lange habe ich auf so etwas gewartet,
dass jemand so mit mir in mein Leben startet.
Denn Du willst nicht nur
etwas „Lockeres" wie die meisten,
willst mich nicht nur in ein kurzes Abenteuer reißen,
sondern gibst mir eine Landkarte in die Hand
und sagst:
„Das bin ich und meine Welt,
die du jetzt in deinen Händen hältst."
Du gibst mir Raum in Deinem Herzen,
gibst mir Platz in Deinem Kopf,
streckst Deine Seele aus nach meiner,
gibst mir den Deckel zu meinem Topf.

Du gibst mir Deine Hand,
stehst mit mir vor jeder Wand.
Du zeigst mir einen Weg fernab von den Bekannten,
baust mir einen Steg
über den Fluss der Ängste und Gedanken.
Und ich verstehe, wie viel an einem vorbeizieht,
wenn der Blick immer nur
vor den eigenen Füßen liegt.

Dass es zwar leichter ist,
seinen Ängsten und Sorgen aus dem Weg zu gehen,
aber dass wir stark genug sind,
die Dinge auch durchzustehen.
Und mit der Zeit spüre ich,
wie meine Seele die Deine umspielt,
und ich verstehe, dass ich so nichts verlier.

Wie ich mit der Quarterlife crisis umgehe,
seitdem Du in mein Leben gekommen bist?

Ich verweile.
Ich verweile und ich bleibe.
Und ich schreibe.
Ich renne nicht mehr fort,
sondern verweile dort,
wo ich mich selber finden muss.
Ich gebe meiner Seele Zeit auszuruhen,
ich gebe meinen Sinnen endlich einen Raum:
Ich fühle, schmecke, sehe, höre, rieche diese Welt,
die mir dadurch nur immer mehr gefällt.
Und ich bin stiller und ruhiger,
höre mehr in mich hinein,
und verstehe, dass es Dinge gibt,
die sollen einfach so sein.

Und auch wenn ich mich frage ab und an,
ob man rennend nicht schneller
an sein Ziel gelangen kann,
habe ich gelernt,

dass es keine Option ist vor etwas wegzurennen,
sondern dass es besser ist,
sich allem selbstbewusst zu stellen.
Und irgendwann, irgendwo wird alles gut,
dazu brauchen wir nur irgendwie ein bisschen Mut.
Denn mit der Zeit werden die Ängste schwächer,
und der Kummer und die Sorgen nehmen ab,
werden zu Schmetterlingen aus Papier,
die schwebend, flatternd
in den Himmel fliegen,
tanzen.

So Mitte zwanzig steht noch viel in den Sternen,
und wir haben noch so viel zu lernen.
Aber im Grunde suche ich ja nur nach meinem Sinn,
um zu verstehen wer ich wirklich bin.

Und wenn ich aufschaue in Dein Gesicht,
werde ich bestärkt in meiner Zuversicht.
Denn bei Dir höre ich auf im Kreis zu rennen,
für Dich möchte ich *Quarterlife crisis*
in *Quarterlife chance* umbenennen.
Denn durch Dich wurde mir bewusst,
dass man die Veränderung als Chance ansehen muss.
Dir verdanke ich meine Hoffnung und mein Glück,
Du bist das Ziel, das ich erreiche, Stück für Stück,
bei Dir findet meine Seele jetzt endlich zur Ruh,
meine *Quarterlife chance* trägt den Namen: Du!

Kapitel 2:

Vom Sehnsüchtigen

Sprudelnd
fließt der Fluss der Worte
von der Quelle in meinem Kopf
über mein Herz
zu meinem Solarplexus,
um dann im Bogen,
meinen Arm entlang,
über meine Hand
auf ein Blatt Papier zu münden,
wo sich der Fluss der Worte
in ein Meer von Gedichten ergießt.

Den Fluss betrachtend
wünsche ich mir,
dass das Meer meiner Worte
vielleicht auch Deine Ufer berühren wird.

Sehnsüchtig

Sehnsüchtig strecke ich mich,
blind,
ganz zu dem,
das ich da spüre,
in der Ferne,
weit, weit weg,
immer weiter,
aber doch so nah,
dass ich es spüre bei mir,
dass ich es atme,
in mich hinein.
Nur Sehnsucht
durch meine Nasenlöcher hindurch,
ziehend durch meinen ganzen Körper,
nur Sehnsucht bin ich,
überall in mir,
um mich herum,
meine ganze Seele gestreckt, sehnsüchtig,
blind um sich greifend,
um in der Dunkelheit
das zu finden,
was ich spüre,
um mich herum,
in mir,
das ich atme
und greife,
und das so weit weg,
doch in mir wohnt.

Ich bin eine menstruierende Frau,
die ein Herz in ihrer Brust schlagen spürt,
damit ich fühlen kann,
und die stolz ein Gehirn auf ihrem Hals balanciert,
mit dem ich lernen und denken kann.

Ich bin eine menstruierende Frau,
die in sich die Möglichkeit trägt,
aus einem einzigen Samen
die Heimatstätte eines erblühenden Lebens zu sein,
damit durch mein Leben heraus Leben entstehe.

Ich bin eine menstruierende Frau,
durch deren Körper mit jedem Herzschlag
Leben pulsiert,
die einen Verstand hat,
und die Leben schenken kann
und die Leben ist.

Und weil ich Leben bin,
habe ich eine Stimme,
die nicht zum Schweigen gebracht werden kann,
bis jede Frau
als das gesehen, gehört und respektiert wird,
was sie ist:

Liebe zum Leben.
Mit Herz und Verstand.
Und
einer Stimme.

Entlang der Wege meines Lebens
halte ich,
wenn ich den Blick erhebe,
immer und immer wieder
nur Ausschau
nach

Dir.

Ich frage mich,
ob Du mich suchen würdest
in der Dunkelheit.

Ob Du mich finden würdest,
wenn Du nicht nach mir suchst.

Ob Du auch im Dunkeln tappst,
um mich zu finden.

Wandelnd
auf unzähligen Straßen,
in unterschiedlichen Ländern,
während sich die Natur
im Takt der Jahreszeiten verändert,
bleibt in mir eine Frage unverändert gleich:

Gibt es Dich?

Du

Nicht wissen,
wo Du bist und wie Du denkst,
wie Du aussiehst oder für was Du brennst.

Nicht wissen,
was Dich beschäftigt und bewegt,
was Du Dir wünschst oder für was Du lebst.

Nichts wissen von Dir,
aber Deine Anwesenheit dennoch spüren,
irgendwo,
in der Gewissheit,
dass jede Sekunde, die verstreicht,
mich eine Sekunde näher bringt
zu Dir.

Hinter den zugezogenen Vorhängen
meiner Verletzlichkeit
und inneren Stärke,
meiner Bedenken
und leisen Hoffnungen,
meiner Vorsicht
und unbändigen Lust zu leben,
frage ich mich:

Siehst
Du
mich
?

In jeder Bewegung

Du
bewegst Dich
in den alltäglichsten Situationen
unbekümmert und selbstverständlich,
und ich sehe Dich
in jeder Bewegung
immer
schweben,
tanzen,
geschmeidig,
stark und bestimmt,
und doch sanft und elegant,
jeder Schritt,
jede Drehung,
jeder Handgriff,
jeder Blick
fesselt meine Augen
unwiderruflich
mehr und mehr
an Dich.

Dass es Dich gibt,
das spüre ich,
denn so oft frage ich mich,
ob Du mich auch spürst,
und Dich dabei fragst,
ob es mich gibt.

Dich erkennen
in jedem Raum,
den ich betrete,
Deine Bewegungen nachvollziehen,
ohne Dich anzuschauen,
Deinen Worten lauschen,
ohne an Deinen Gesprächen teilzunehmen.

Dir näher kommen,
neben Dir stehen,
Dich spüren,
trotz des Abstands zwischen uns,
Dich berühren wollen,
mit jeder Faser meines Körpers,
Dir nah sein wollen,
jetzt und
für noch einen weiteren Augenblick,
und noch einen-

doch Du gehst.

Ich sag,
ich hab Heimweh,
doch eigentlich meine ich:
Ich vermisse so Vieles,
aber am meisten
vermisse ich
Dich.

Ich rieche an dem Teststreifen,
den ich von der Parfümerie mitgenommen habe,
und der nach Dir riecht oder so wie Du,
aber eigentlich auch nicht wirklich oder nicht so ganz,
da der Duft auf dem Papier-Teststreifen
nicht so riechen kann
wie auf Deiner starken, sanften, zarten Haut,
die so gut nach Dir riecht,
und auf der dieser Duft ganz andere
und viele weitere Nuancen entfalten kann,
sodass der Duft auf Deiner Haut
dann wirklich nach Dir riechen kann,
und nicht so wie auf diesem Teststreifen,
den ich von der Parfümerie mitgenommen habe,
der eigentlich gar nicht nach Dir riecht
oder gar nicht so riechen kann wie Du.

Wir wünschen uns
Liebe
und werfen sie doch
allzu oft
achtlos von uns
wie buntes Süßigkeitenpapier,
das nach dem ersten Genuss
seine Bedeutung
verliert.

Spuren

Wenn Du Dich mir verschließt,
meinst Du,
erstickst Du das Interesse an mir im Keim,
damit Du Dich nicht wieder
dem Unbekannten öffnen musst,
das sich nicht kontrollieren lässt.

Aber sag,
habe ich nicht schon längst Spuren dort hinterlassen,
wo Du sie versuchst zu verwischen?

(Nicht-)verstehen

Wenn ich etwas
über Liebe
verstanden habe,
dann,
dass sie oft
nicht verstanden werden kann.

Und trotz all der Rationalität
in unseren Köpfen
sehnen wir uns
alle
nach nichts mehr
als diesem
zarten
und doch so starken

(Nicht-)
verstehen.

Poetry-Slam: Statement zu COVID-19

Die Zeiten, in denen wir leben,
bergen Unsicherheit und Angst,
während jeder um die Gesundheit, die Wirtschaft,
das Klima oder die Menschlichkeit bangt.
Sie sind gefüllt von Sorgen, von Misstrauen,
von Verzicht,
der jeden von uns gleichermaßen betrifft.

Denn in diesen Zeiten, mehr als je zuvor,
zählen Nächstenliebe und Solidarität,
zählt, dass jeder sich an Vorgaben und
Einschränkungen hält.
Und ich weiß, dass es schwierig ist und
ich fühle und verstehe die Besorgnis von uns allen,
doch was jetzt wirklich wichtig ist und zählt,
das schaffen wir nur zusammen.

Und ich bin nicht hier,
um die Situation zu beschönigen
oder zu sagen, es wird schon alles gut,
aber ich appelliere hiermit lautstark
an unser aller Mut.

Denn jede schwere Zeit
birgt auch eine Erkenntnis irgendwo,
die es wahrzunehmen und zu schätzen gilt,
damit sie die Untiefen unserer Ängste stillt.
Denn nur so kann man gestärkt

aus diesen Zeiten hervorgehen,
anstatt den Geschehnissen nur träge zuzusehen.
Es ist eine Zeit der Sorgen und Gedanken,
es ist aber auch eine Zeit des bewussten Innehaltens.

Denn meistens ist es so,
dass man erst sieht, was man wirklich schätzt,
wenn es uns aus welchem Grund auch immer
für eine Weile verlässt.
Ich hoffe,
dass wir durch diese Situation unser Leben
auf eine andere Art und Weise betrachten,
und wieder mehr auf das wirklich Wichtige
und Schöne in unseren Leben achten.
Dass wir uns auf die Schönheit der kleinen Dinge
wieder mehr fokussieren,
ohne dabei den Blick für das große Ganze zu verlieren.

Dass wir den Kaffee am Nachmittag
in unserer Lieblingsbar mehr genießen,
oder wenn die Blumen im Frühling
aus ihren Knospen sprießen.
Dass wir den Popcorngeruch im Kino
wirklich wieder bemerken,
oder wieder unsere Gesundheit
in Fitnessstudios stärken.
Dass wir das Raunen im Stadion
am ganzen Körper spüren,
oder wir in Theaterstücke gehen,
die uns wirklich berühren.
Dass wir auf Festivals gehen

und auf Konzerte mit unseren Freunden,
dass wir essen gehen mit Kollegen
und uns unterhalten mit fremden Leuten.
Dass wir in Läden gehen,
nur um mal zu schauen, was gerade im Angebot ist,
dass wir reisen,
um ferne Orte oder Menschen zu sehen,
die man wirklich vermisst.
Dass wir die Vorlesung
mit hundert anderen Studenten als Privileg ansehen,
und wir ohne Ungeduld
in der Schlange für den Club anstehen.
Dass wir feiern, eng tanzen und uns so
im Fluss der Musik verlieren und wiederfinden,
dass wir uns berühren, umarmen,
küssen und aneinanderbinden.
Dass wir die Schönheit und Seltenheit von
menschlicher Nähe wirklich wieder sehen,
mit der Entschlossenheit,
dass es sich lohnt dafür einzustehen.

Ich hoffe, dass wir dies alles und noch so viel mehr
nicht mehr als selbstverständlich erachten,
sondern unser Leben und unsere Mitmenschen
dankbarer und voller Liebe und Mitgefühl beachten.

Diese Einstellung soll nicht ablenken
vom eigentlichen Geschehen,
denn da ist jeder von uns wirklich verpflichtet
genau hinzusehen.
Aber diese Einstellung und Erkenntnis

gibt uns denke ich Mut,
und Mut tut ja bekanntlich gut.
In diesem Sinne passt auf Euch
und auf Eure Mitmenschen auf,
wenn wir alle zusammenhalten,
schaffen wir es hier heraus.

Kapitel 3:

Vom Liebenden

Alle Liebesgedichte dieser Welt
scheinen nicht in Worte fassen zu können,
was Du mit meiner Welt machst,
ganz ohne Worte.

In unzähligen Augen

In unzähligen Augen
habe ich Dich bereits erahnt,
bis ich in Deinen Augen
all die Teile fand,
die mich bisher
nur teilweise
aus anderen Augen heraus
anschauen konnten,
um mir schrittweise zu zeigen,
dass ich durch
Zusammensetzen der Teile
mein Ganzes
in Dir finden würde.

Liebe auf Distanz

Du redest,
ohne mich anzuschauen,
während ich Dich anschaue,
ohne zu reden.

Ich atme Deinen Namen
in mich hinein,
vibrierend schwingt sein Klang
durch meine Lungen
über meine Blutbahn
bis in meine Fingerspitzen,
in denen ich Deinen Namen
sanft berühre und fühle,
um die Melodie zu ertasten,
in deren Rhythmus bereits
mein ganzes Ich erklingt.

Ich kann
in Deinen Augen
sehen,
was Deine Lippen
nicht sagen.

Als ich Dich
zum ersten Mal sah,
konnte ich nicht ahnen,
was ich erst
beim wiederholten Blick in Deine Augen
bemerken würde.

Denn wenn ich
Dich durch Deine Augen hindurch
und mich in Deinen Augen gespiegelt sehe,
bin es ich,
die mich
aus Dir heraus
anschaut.

Braune Augen
verkörpern
die Wärme
eines letzten Herbsttages,
bevor die Welt
leise wird.

~ Antwort an alle,
die braune Augen
für gewöhnlich befinden. ~

Wie sich Liebe vor Dir angefühlt hat?
Wie Steine,
die schwer auf meiner Seele liegen.

Wie sich Liebe mit Dir anfühlt?
Die Steine
brechen auf
und
erblühen.

Du in einem Wort

Von den über 18 Millionen Wörtern
der deutschen Sprache
bist Du
für mich
das Synonym
von

Leichtigkeit.

Ich weiß

Ich weiß,
dass Du weißt,
dass ich weiß,
dass ich schon sehr lange wusste,
was Du jetzt endlich auch weißt.

Der erste Kuss

Auftauchen
aus der Ungewissheit,
aus dem vorsichtigen Hin und Her
des Abstandhaltens,
Annäherns,
und so
in Dich fallen,
wirbelnd,
rauschend,
singend,
um nie wieder
aufzutauchen.

Du hast etwas an Dir,
das ich bisher nirgendwo sah.

Doch trotzdem ahnt etwas in mir,
dass ich Dich
schon lange
in mir trug,
bevor meine Augen
etwas an Dir sahen,
für das sie bisher,
blind in mich hineinschauend,
noch kein Bild hatten.

Unerwartet

Unerwartet
stellst Du all meine
vorgefertigten Pläne auf den Kopf,
damit ich all das hinterfrage,
von dem ich bisher annahm,
dass ich es brauche.

Was bleibt ist die Gewissheit:
Du öffnest meine Augen für all das,
was bisher in meinem Leben fehlte.
So unerwartet bist Du das,
was ich in meinem Verborgenen
jetzt endlich klar sehe.

Nach Jahren
des Suchens und Nichtfindens
habe ich nun,
nicht suchend,
in ihm
endlich die drei Wörter gefunden,
nach denen ich mich immer sehnte:

Er
sieht
mich

.

Seelenverwandt

Durch meine Seele
fließt das,
aus dem Deine Seele
besteht.

<u>Wieso Du?</u>

Weil die Luft,
die Dich umgibt,
in den Farben strahlt,
die mir fehlen.

Nun,
da ich Dich kenne,
machen alle Liebesgedichte,
die ich zuvor schrieb,
einen Sinn.

Labyrinth

Im Dunkeln ist es schwer einen Weg zu finden,
an den Mauern, Zäunen und alten Baumrinden
der Bäume, die Deine Seele durchziehen.
Und doch, ich würde immer wieder zu Dir fliehen.

Selbst im Hellen bist Du mir ein Rätsel nur,
doch stets für meinen Geist eine ersehnte Kur.
Ich möchte mich in Deinem Labyrinth verirren,
und all diese Knoten in meinem Kopf entwirren.

Denn wenn ich eins versteh nach all der Zeit:
Durch Dich werde und bin ich endlich bereit,
selbst mein eigenes Labyrinth zu durchdringen,
und das Beste aus mir herauszubringen.

In Deinem Labyrinth habe ich mich selbst gefunden,
und mich damit unwissentlich an Dich gebunden.
Du durchflutest mein Leben mit hellem Licht,
und verwandelst meine Worte in ein Gedicht.

Du bist das schönste Labyrinth für mich,
alles in mir sagt: Ich bin verliebt in Dich.

Unter dem Mistelzweig

Gehüllt in warmen Winterjacken,
den Blick schüchtern gesenkt,
und doch den Mistelzweig über uns
mit jeder Faser meines Körpers spürend,
fragte ich mich in der Stille,
die sich zwischen Deinem und meinem
zitternden Atem zog,
wie es wäre,
für einen Moment
all die Fragen in meinem Kopf
leiser werden zu lassen,
um Dir Lippe auf Lippe,
Zunge um Zunge,
die stille Frage zu stellen:

Willst Du?

Eine stille Verbundenheit
zieht sich zwischen Dir und mir,
die keiner Worte bedarf.
Und wenn ich mir etwas
in dieser Weihnachtszeit wünsche,
dann, dass ich den Mut finde,
unsere Stille kurzzeitig
mit folgenden Worten
zu unterbrechen:

Ich sehe mich,
wenn ich an Weihnachten denke,
nur noch mit Dir.

<u>Valentinstag</u>

An diesem kalten Februartag
erfüllt mich kein Wort,
das ich mit meinen Lippen forme,
mit solch einer Wärme
wie Dein Name.

In Deinen Augen

In Deinen Augen habe ich das gefunden,
wovon meine Seele tief in ihrem Inneren singt.
Mein Geist ist an den Deinen gebunden,
so sehr, dass uns nichts mehr auseinanderbringt.

Sprudelnd

Sprudelnd
umfließt Du das,
was ich bin,
und erfrischst
all die Quellen,
die, vergessen in mir,
so lange
nicht mehr sprudelten.

Wenn ich meine Augen schließe,
tauche ich ganz ein
in Deinen Blick
bis in Deine Augen,
die mich fesseln und bändigen,
mich aber doch frei sein lassen.

Ganz umgeben von Deinen Farben,
die mich umspülen,
immer und immer wieder,
sehe ich vor meinem inneren Auge,
egal wohin ich meinen Blick wende,
überall
nur noch
Deinen Blick,
Deine Augen,
Dich.

Mein Zuhause

Ich habe lange überlegt,
was ich Dir sagen will,
denn es gibt so oft etwas zu sagen,
doch ich bleibe still.
Doch in der Stille kam ich dann endlich zur Ruh,
und verstand:
Mein Zuhause,
das bist Du.

Wieso Du?

Weil Du mich siehst,
so wie ich bin,
mich so nimmst,
und nicht verbiegst,
sondern mich dabei
irgendwie
liebst.

Du bist die Antwort
auf all die Fragen,
auf die ich bisher
nie eine Antwort bekam.

Du fragst mich: wieso ich?
Und schaust mich dabei an,
denn Du willst in Worten das hören,
was Du eigentlich schon längst weißt.

Ich antworte: wieso Du?
Weil ich, die immer Worte brauchte,
es dieses Mal einfach weiß,
selbst ohne Dich anzuschauen.

Mögen uns
die zahlreichen Kilometer
zwischen uns
auch daran hindern
beieinander zu sein,
so spüre ich
in meinen Augen
immer noch
das Lächeln,
das Du mir gabst,
als ich bemerkte,
dass ich
Deinen Atem
in mir
trage.

Aufpoppend
auf Deinem Bildschirm
gehen meine Worte
und das, was ich über
Entfernungen hinweg
von mir übersenden kann,
in Deine alltäglichen Handlungen ein,
sodass ich aufpoppe
und mich in dem Lächeln verliere,
das Du meinen Worten
zwischen Schreibtisch und Küche
schenkst.

<u>726 km</u>

...

zwischen Dir und mir

...

ein Bildschirm,
der Dich nur in 2D zeigen kann

...

doch in mir
die Erinnerung an uns
in 3D geformt,
fassbar, atembar
und überall abrufbar,
selbst in 726 km
Entfernung
von
Wir

.

Im Rauschen des Windes
höre ich noch jetzt
Deine gehauchten Worte,
die sich auf meiner Haut verloren,
um so viel in mir zu berühren.

<u>Wenn Du ausatmest</u>

Wenn ich einatme,
wenn Du bei mir liegst,
dann atme ich
dieselbe Luft,
die zuvor durch Deinen Körper floss,
damit Du leben und
neben mir liegen kannst.

Wenn Du ausatmest,
wenn ich bei Dir liege,
dann atme ich
das ein,
was zuvor Du warst,
damit Du weiter
in mir leben kannst.

Während sich meine Augen schlossen,
spürte ich,
wie Du in unzähligen Feuern entflammtest,
die mich ganz umgebend
neu zu formen schienen,
sodass ich so
blind,
entflammt,
formlos
mit Dir
zu einem Ganzen
verschmolz.

Liegend bei Dir
bemerkte ich,
wie sich Dein und mein Brustkorb
im gleichen Takt
auf und ab bewegten,
sodass Deine Ausatmung
und meine Einatmung
zu einem Atemfluss zusammenflossen,
der aus meinem Du und Deinem Ich
unser Wir formte.

Ich liebe es,
wie das,
was zwischen uns ist,
sich nie zwischen uns stellt,
sondern uns verbindet,
uns näher bringt,
uns vereint,
sodass so zwischen Dir und mir,
gar nicht mehr so viel sein kann.

<u>In Deinen Armen</u>

In Deinen Armen liegend,
Deinen beruhigenden Geruch ein-
und nie wieder ausatmend,
schmiege ich mich ganz
an das Gefühl,
das alles, was ich bin, umarmt,
und das ich nur mit Dir habe.

Und wenn ich das Gefühl benennen müsste,
würde ich sagen:
Umgeben von Deinen Armen
und Deinem Geruch,
komme ich,
an Dich geschmiegt,
als Ganzes an.

Augenblicke

Wenn ich Dich in meinen Armen halte,
wünscht sich alles in mir,
dieser Moment möge nie mehr vergehen,
möge in Endlosschleifen bestehen und bleiben-
für immer.

Wenn ich Dich so anschaue und spüre bei mir,
wächst in mir die Angst,
diese Momente zu missen,
Dich zu vermissen und zu verlieren
an etwas, das dich wegreißt von mir.

Machtlos diesem Gefühl ausgeliefert,
das mich in Deiner Nähe frösteln lässt,
ist es doch aus dieser Angst heraus,
dass ich eine Weisheit des Lebens
aus meiner eigenen Geschichte heraus lerne:

Wir leben für Augenblicke,
für das Stillstehen der Zeit in einem Moment,
für die Ewigkeit im Endlichen.
Es ist von Augenblick zu Augenblick,
wo sich unser „für immer" erstreckt.

<u>Slow motion</u>

Aus Deinen Augen
fällst Du heraus
und landest in meinen,
auf Deinen Lippen
schmeckt das Leben
nach etwas
bekannt Unbekanntem,
nach etwas,
das man sucht,
und kaum greifen kann,
bis meine Hände
auf Deiner Haut
mich
finden.

Erwachsen lieben

Verstehen,
dass das Lieben einer Vorstellung von Dir
nicht das Gleiche ist wie
Dich zu lieben.

Und verstehen
oder eher sich dem Verständnis annähern,
dass wahre Liebe die Realität begreift,
die sich dem Verstand entzieht,
und dass sie trotzdem
sowohl den Kopf
als auch das Herz
miteinbezieht.

Ankommen
(für Mama, für Papa)

Von Euch kommen,
aus Euch heraus kommen
in eine Welt,
die Ihr prägt
für mich,
die Ihr behütet
für mich,
in die Ihr Samen pflanzt
für mich,
die sich tief in meine Erde graben,
um Wurzeln zu schlagen,
die mir Halt geben und Stabilität,
wenn Stürme um mich ziehen.

Mich loslassen
in diese Welt,
wehmütig und doch bestimmt,
mir Flügel geben,
mich frei sein lassen,
mich fliegen lassen,
mich den Wind spüren lassen,
damit er mit der Baumkrone spielt,
die sich nach und nach formt,
aus meinen Wurzeln heraus,
vom Wind gezeichnet.

Von Euch gehen,

mit einem Kompass in der Hand,
der mich leitet,
jeden Tag,
und jede Nacht,
der mir den Weg weist,
damit ich suche,
damit ich finde,
damit ich ankomme,
und dessen Norden,
bei genauem Blick,
mir kontinuierlich
den Weg zurück
aufzeigt
zu Euch.

Für meine (kleine) Schwester

In kleinen Händen
hältst Du groß
Deine ganze Welt,
die sich vor Dir ausbreitet
und weit und endlos auf Dich wirkt.

Wenn ich Dir etwas
auf Deinen Wegen mitgeben darf,
dann die Zuversicht,
dass ineinander verwobene Seelen
einander immer finden werden.
Und dass Du,
egal, wo wir auch sein mögen,
den Takt meines Herzens
immer erahnen wirst,
wenn Du auf deinen Herzschlag hörst.

Zum Geburtstag
wünsche ich Dir,
dass Du das Leuchten der Sterne
mit Deinen Händen greifst
und es so lange anschaust,
bis die Sterne
aus Deinen Augen funkeln können.
Dass Du ihre Schönheit einatmest,
sodass sie jeden Millimeter
Deines Körpers durchflutet,
damit auch Du und
das, was Du bist und tust,
in ihr erstrahlen können.
Dass Du weißt,
dass ich einer von den Sternen bin,
den Du so hältst, anschaust und einatmest,
damit auch ich,
auf ewig,
in Deinem Herzen scheinen kann.

In Worten lässt sich schwer beschreiben,
was ich für Dich in meinem Herzen trage.
Aber wenn ich Dich und das,
was Du mir bedeutest,
in einen Satz komprimieren soll,
dann wohl am besten in diesen:

Wenn ich innehalte,
spüre ich Deine Präsenz überall dort,
wo ich dank Dir den Rückhalt
und den Mut gefunden habe,
um meine Flügel immer etwas weiter zu spannen,
damit ich in der Morgenröte meines Selbst
fliegen lerne
und in der Abenddämmerung
zurück nach Hause finde.

Für meine beste Freundin

Wenn ich das,
was uns schon seit Jahren verbindet,
in Worten festhalten müsste,
würde ich sagen:
Du bist,
in einer sich ständig verändernden Welt,
die Konstante,
die mich daran erinnert,
dass ich auch ohne Worte
verstanden werden kann.

<u>Noch nie zuvor</u>
<u>(vor Dir)</u>

Noch nie zuvor
habe ich Augen gesehen,
die so strahlen können
wie Deine,
wenn Du von Dingen erzählst,
für die Du brennst.

Noch nie zuvor
habe ich jemanden gesehen,
der jeden Raum
sofort und unwiderruflich
mit hellem Licht erfüllen kann
so wie Du.

Noch nie zuvor
habe ich eine Weisheit
des Lebens so vorgelebt bekommen
wie durch Dich:
Dass die tiefste Dunkelheit,
die uns umgibt,
nur der Schatten ist
von Licht.

In einem Meer von Lebewohl

Durchlebte Erfahrungen prägen Dich,
erlebte Verluste drängen sich Dir auf,
sodass Du immer meinst,
dass auch ich mich,
Stück für Stück,
von Dir entfernen werde,
sodass das, was uns ausmacht,
verschwimmen wird
in einem Meer von
Lebewohl.

Wenn Du das nächste Mal
wieder fast an diesen Gedanken ertrinkst,
richte Deinen Blick nach oben
und lese in den Wolken,
was geschrieben steht:
Das, was uns ausmacht,
wird nicht vergehen.
Verlieren
wirst Du mich
niemals.

Ich wünschte,
ich könnte Dir zeigen,
wie sehr ich Dich vermisst habe,
als ich anfing mir zu zeigen,
was ich mir wünsche.

Poetry-Slam: Etwas Lockeres

Ich atme ein und rieche den Duft der
schweren Luft um mich herum,
muss an deine Worte denken von vorhin,
fühle mich schwer und traurig tief in mir drin.
Ich bin sehr oft anders als der Mainstream,
pass nicht so gut hinein,
muss es in diesem Fall denn wirklich wieder so sein?

Denn auch du kamst auf die glorreiche Idee:
„Hey, lass uns doch was Lockeres haben.
Denn du und ich, das ist schon ganz nett,
wollen wir dann nicht einfach zusammen ins Bett?
Wir haben Spaß, aber ohne die Verpflichtung
einer langweiligen, alten, monogamen Beziehung.
Wir sind beide frei,
komplett unabhängig voneinander,
und wenn jemand Besseres vorbeispaziert,
dann auch gut, dann ist das mit uns vorbei.
Ich werde dir nie mehr
als ein paar Whatsapp-Nachrichten schicken,
denn mehr Aufmerksamkeit
kannst du echt sowas von knicken.
Ah, und noch was:
Wir können uns natürlich nicht ineinander verlieben,
denn das wäre wirklich viel zu übertrieben.
Denn ich will nichts Ernstes jetzt
und echt keine Beziehung.
Ich will mich ausleben,

so viel wie möglich erleben,
und irgendwann später
werde ich schon jemanden finden,
aber jetzt will ich mich definitiv
nicht fest an irgendjemanden binden."

Ich atme ein und in der Luft schwingt
der Duft von dir mit.
Etwas Lockeres.
Genauso, wie die meisten anderen in unserer Zeit,
bist auch du für etwas Ernstes nicht bereit.
Denn niemand will sich mehr binden,
niemand will mehr einen festen Partner finden.
Zumindest nicht jetzt in meinem Alter,
alle schieben das auf,
als ob sie eines Morgens aufwachen würden,
um zu sagen:
Heute ist ein guter, wunderbarer Tag,
dies ist der Tag,
an dem ich mich jetzt zu binden vermag.

Bin ich wirklich die Einzige, die das nicht versteht?
Wie das denn überhaupt geht?
Denn ich kann meine Gefühle
nicht von meinen Taten trennen,
kann nicht einer Person hinterherrennen,
ohne die Hoffnung,
dass deine und meine Augen
in die gleiche Richtung schauen,
und wir versuchen
eine gemeinsame Zukunft aufzubauen.

Denn für was sollte ich sonst
irgendwas mit dir eingehen,
wenn ich nicht daran glaube,
dass wir beide dafür einstehen?

Ich kann nämlich gut alleine sein,
bin das auch so viel,
und ich bin das auch lieber,
als so meinen Seelenfrieden zu riskieren.

Denn ich gebe,
ich gebe immer viel zu viel,
ich gebe Energie, Zeit und Geduld,
und du sagst nur, ja da bin ich selber Schuld.
Aber wenn ich jemanden mag,
dann ist das bei mir so wie jetzt mit dir,
und etwas Lockeres saugt nur all die Energie aus mir.

Ich versuche auch wirklich, dass ich dich versteh,
auch wenn es so fern ist von dem,
wie ich die Welt und Beziehungen seh.
Ich möchte nämlich Liebe machen
als Zeichen der Verbundenheit,
als Reise durch meine und die deinige Welt,
und nicht nur,
weil mir der Anblick deines Körpers gefällt.
Denn was ist denn Liebe machen ohne Gefühle
anderes als Sport?
Als ein Ausdauertraining, mit Vorzügen hier und dort?
Ich möchte bei dir liegen und denken,
dass ich die Luft einatme,

die zuvor durch deinen Körper floss,
und sie so festhalten in mir,
so fest, dass ich dich niemals mehr verlier.
Ich möchte auf deiner Haut
die Berge und Täler deiner Seele entdecken,
und meine Welt in die deine ausstrecken,
sodass dein Geist und meiner sich berühren,
sich so spüren,
doch dir geht es bei alldem nur um das Verführen.

Ich weiß nicht, ob du das verstehst,
aber meine Seele ist so fest
an meinen Körper gebunden,
und Liebe und Intimität so fest
miteinander verbunden,
dass ich sie nicht voneinander trennen kann.
Und genau deswegen wird etwas Lockeres
mit mir nie funktionieren,
weil ich will die Verbindung zwischen meinem Körper
und meiner Seele nicht verlieren.
Denn ich weiß,
dass ich sie durch etwas Lockeres nur in Stücke reiße,
und mich damit in meiner Entwicklung
nur zurückschmeiße.

Ich atme die Luft um mich herum ein,
und atme dich wieder aus.
Ich lasse dich ziehen,
dass du weiter nach dem suchst, wonach du schaust.
Ich verurteile dich nicht,
auch wenn mir dein Verhalten befremdlich ist,

denn jeder muss seinen eigenen Weg finden,
nach seinen Wünschen und seinem Befinden.
Ich für meinen Teil passe nicht in dein Konzept hinein,
das sollte dann einfach wieder so sein.
Aber zumindest bin ich ehrlich
und bleib mir selber treu,
und tu nicht Dinge, die ich später nur bereu.

Ich atme ein und rieche den Duft der
frischen Luft um mich herum,
muss an deine Worte denken von vorhin,
fühle mich irgendwie befreit tief in mir drin.
Ich bin sehr oft anders als der Mainstream,
pass nicht so gut hinein,
vielleicht soll es auch einfach so sein.
Vielleicht bleibe ich allein, vielleicht auch nicht,
möglicherweise schaue ich irgendwann in ein Gesicht,
und werde in den Augen endlich das finden,
wovon meine Seele tief in ihrem Inneren singt,
und werde so meinen Geist an jemanden binden,
in dessen Herzen Ähnliches für mich mitschwingt.

Kapitel 4:

Vom Loslassenden

Wenn der Wind
durch meine Seele rauscht,
fühle ich,
dass die Leere,
die du hinterlassen hast,
wieder gefüllt werden kann
durch
~

mich.

Dich finden,
während ich nicht nach dir suchte.

Dich finden,
während du nicht gefunden werden wolltest.

Dich finden
und dich wieder loslassen müssen,
während sich alles in mir fragt,
weshalb ich
nach all den Jahren alleine
nicht endlich finden kann,
was gefunden werden will.

Auf dich warten,
Tag für Tag,
warten
und warten,
bis ich in der dunklen
Ungewissheit,
die mich umgibt,
langsam verstehe,
dass deine Augen
mein Leuchten
nicht sehen.

Festhalten an dir,
während sich die Welt
weiter dreht-
wir uns aber
nicht mehr mit ihr.

Festhalten an dir,
während die Schwerkraft
mich immer tiefer
auf den Boden dessen zieht,
was ich als Realität begreife.

Festhalten an dir,
bis ich verstehe,
dass mein Lossagen von dir
ein Festhalten ist
an mir.

Wieso
suche ich
in seinen Augen
immer noch
dich?

~ Vom Loslösen und Nichtloskommen von Dir. ~

Dich lieben
für all das,
was wir miteinander gefunden haben,
und dich verlieren
an all das,
was sich zwischen dir und mir nicht verändern lässt.

Dich lieben
für die Veränderung,
die du in mein Leben gebracht hast,
und dich verlieren
an all das,
was wir miteinander nicht finden werden.

Dich lieben und verlieren.
Und dabei unser verlorenes Wir lieben.

Gefangen
in Vorstellungen von dir,
und mir,
und uns,
in Gedankennetzen,
die sich in meinem Kopf ausbreiten
und dich einfangen,
wo auch immer ich dich
oder etwas,
das dich betrifft,
erahne.

~ Ich bin es leid. ~

„Denkst du noch an ihn?"
Gelegentlich.

(Eigentlich ertrinke ich beim Gedanken an dich
jeden Morgen in jeder Tasse Kaffee,
jeden Mittag in jeder Flasche Wasser,
jeden Abend in jedem Glas Wein,
jede Nacht in einem Meer aus Tränen
und Träumen,
die langsam verblassen.)

Während du
bereits eifrig
im nächsten Kapitel liest,
formen noch alle Buchstaben,
die ich lese,
kontinuierlich
deinen Namen.

~ Von leeren Zeilen zwischen den Kapiteln. ~

Zwischen dir und mir
türmen sich Welten
aus nicht überbrückbaren Differenzen.
Und trotzdem schwebt meine Seele,
sobald sie kann,
immer und immer wieder
zu dir herüber,
um bei dir zu verweilen
und von einer Welt zu träumen,
in der du und ich
nicht nur zueinander finden würden,
sondern auch beieinander bleiben könnten.

In den Süden
ziehe ich,
in die lang ersehnte Wärme,
weit, weit weg von der Kälte,
die du in mir hinterlassen hast.

Und während Sonnenstrahlen
auf meiner Haut tanzen,
frage ich mich,
wie lange mich das Meer
noch an das Blau deiner Augen
erinnern wird,
wie lange das Holz der Zedern
für mich noch riechen wird wie du,
oder wie vielen Gesichtern
ich noch begegnen muss,
um deines langsam zu vergessen.

Du bist der Erste,
der mit zitternder Stimme flüstert:
„Ich liebe dich.
Aber ich kann nicht."
Doch nach all den ungesagten
„Ich liebe dich nicht.
Aber ich kann"
vor dir,
stärkt dein leises Geständnis in mir
die laute Zuversicht,
dass bisher unbekannte Lippen-
irgendwann-
folgende Worte
laut und bestimmt
formen werden:
„Ich liebe dich.
Und ich kann.

.

Weil ich es will.
Und nicht anders kann."

Sag,
liebt sie dich
anders als ich,
während du zuvor
zu mir meintest,
dass ich für dich
anders sei
als alle anderen?

Wenn ich eins
in dem ganzen Wirrwarr,
den du unüberlegt von dir gabst,
verstanden habe:
„Alle anderen"
schließt wohl sie
nicht mit ein.

Nicht das sein,
was du dir vorstellst,
nicht das sein wollen,
was du erwartest,
nicht das sein können,
was du brauchst.

Nicht nichts sein für dich,
aber auch nicht mehr,
und mich so von dir entfernen
mit nichts in der Hand
als die Erinnerung
an Träume,
die langsam verblassen.

Ab und zu
vermisse ich dich,
wenn ich etwas
höre,
sehe,
schmecke,
rieche oder
fühle,
das mich an dich erinnert.

Boogie Wonderland. Earth, Wind and Fire.
Vespas. Auf nicht befahrbaren Straßen.
Pfefferminzeis. In der Waffel, nicht im Becher.
Kieferngeruch. Von Sonne durchtränkt.
Heimat. Ab und zu.

Ich möchte (nicht) wissen.

Ich möchte nicht wissen,
wie es dir geht oder was du machst,
wenn du dich lebendig
oder einsam fühlst.

Ich möchte nicht wissen,
wo du hingehst,
wenn du dich in stillen Menschenmengen
oder im Lärm deines Kopfes bewegst.

Ich möchte nicht wissen,
wer dich auf deinen Wegen begleitet,
und mit wem du das Gefühl hast,
endlich angekommen zu sein.

Ich möchte von alldem nichts wissen,
und doch finde und sehe ich dich
in all den Augenpaaren,
die meinen Blick erwidern,
sodass ich mich frage,
wie es dir geht oder was du machst,
wo du hingehst,
wer dich begleitet,
und ob du endlich
angekommen bist.

Rückblickend

Erst dachte ich,
ich hätte dich verloren,
bevor ich verstand,
dass ich dich nicht unachtsam
am Wegesrand fallen ließ,
sondern dass wir uns bewusst
voneinander entfernten,
Rücken an Rücken,
bis wir rückblickend
nichts mehr sahen
als die Erinnerung an das,
was wir einst waren,
oder an das,
was wir verloren glaubten.

Deine Rosen
in allen Farben,
die ich zum Trocknen kopfüber aufhängte,
haben nun,
getrocknet in einer Schachtel,
all ihre Farben verloren.

Liegende Frage

Ich frage mich,
ob dir jemals etwas an mir lag,
während du jetzt,
bei einer Anderen liegst,
die sich vielleicht irgendwann fragen wird,
ob es an dir liegt,
dass man sich bei dir fragen muss,
ob man bei dir richtig liegt.

Zwischen deinem und meinem Herzen
ziehen sich
unsichtbare Bänder,
die unbeschriebene Wege ebnen,
die uns aneinander binden
und uns wortlos zu verstehen geben,
dass die Sprache des Herzens
keiner Worte bedarf.

Und doch verlieren sich unsere Wege
nach zahlreichen Kreuzungen
in dem,
was zwischen dir und mir
Mensch bleiben wird.

Ich frage mich: wieso nicht du?

Weil meine Liebessprache
für dich eine Fremdsprache ist.

Liebesparadoxon

Du weißt,
dass wir wissen,
dass wir aus den immer gleichen Kreisen
nicht mehr ausbrechen konnten.

Ich weiß,
dass wir wissen,
dass das mit uns enden musste,
weil wir langfristig gesehen
nicht das waren und sein konnten,
was wir brauchen und suchen.

Wir wissen,
dass für dich niemand
so klingen wird wie ich,
und dass für mich
niemand
je so riechen wird
wie du.

Was du mittlerweile für mich bist?

Du bist
wie Worte,
die ich nicht finde,
und an denen ich
langsam
ersticke.

Erinnerung an mich
(wieder und wieder)

Wenn ich mich
wieder einmal dabei ertappe,
wie ich über dich nachdenke,
sollte ich mich
wieder und wieder
nur an eines erinnern:

Frei sein von dir
heißt
frei sein in mir.

<u>Bei dem wiederholten Blick auf dich</u>

Bei dem wiederholten Blick auf dich
habe ich gemerkt,
dass du,
so oberflächlich,
mich
oder das, was ich wirklich bin,
nicht wirklich siehst,
oder nicht sehen kannst,
da du deine Augen nie gelehrt hast,
hinter das zu schauen,
was sie sehen.

Karma

Ich bin dir nichts schuldig,
sagst du,
und hoffst wieder auf meine Geduld.

Ich war immer geduldig,
sage ich,
aber jetzt bist du selber Schuld.

Schrittweise
bindest du mich an dich
und erhoffst dir,
Veränderungen dort in mir zu erreichen,
wo du sie für wichtig erachtest.
Doch Liebe liebt nur aus Liebe heraus,
und nicht aus der Hoffnung auf Veränderung,
die zu Liebe führen könnte- irgendwann.

Darum liebe mein unverändertes Ganzes,
mein „So-wie-ich-bin",
oder lass mich ziehen,
damit ich irgendwo ankommen kann,
wo meine Veränderung nicht
die Bedingung für Liebe sein wird.

Kälte

Sag,
denkt deine Seele an meine,
während dich ein anderer Körper
warm hält?

Die Welle und das Ufer

Du bist eine Welle,
die nach rechts, nach links,
nach oben und unten,
immer in Bewegung,
die Weite sucht.
Und so kam es, dass du, die Welle,
so rechts, so links, so oben und unten,
ans Ufer gespült wurdest,
zu mir.

Erdgebunden, Sicherheit und Heimat suchend,
bin ich das Ufer, das von deinem Wasser umspült,
geküsst, erfrischt, geliebt,
etwas von der Weite des Meeres kosten durfte.
Und du fandest bei mir Heimat und Sicherheit,
während alles andere sich um dich ständig bewegt.
Doch auch du musst dich bewegen,
musst nach rechts, nach links,
nach oben und unten,
und ich kann mich nicht bewegen,
bin eins mit der Erde,
dem Ufer, das du fandest, ohne zu suchen.

So muss ich dich gehen lassen,
dass du so rechts und links,
so oben und unten,
als Welle weiterziehst, in stetiger Bewegung.

Ich kann nichts tun,
als dir nachzuschauen,
während meine Seele
sich nach rechts und links ausstreckt,
und deinem Oben und Unten nachsinnt.
Und ich denke, dass auch du,
ab und zu,
daran zurückdenkst,
wie es war angekommen zu sein,
wenn auch nur für einen Moment.

Ich tippe und lösche,
tippe und lösche-

auf dem Bildschirm mit
deinem Namen
tippe ich mich hinein
und lösche uns wieder heraus.

Präteritum von wir

Dich nicht hören,
und dich jeden Tag vermissen,
um nicht zu vergessen,
was wir füreinander waren,
bis ich dich langsam vergesse,
und es nicht mehr vermisse,
dich nicht zu hören.

Aus meinem Leben heraus
in dich fallen,
wieder und wieder,
fallen,
dich festhalten
mit Händen,
denen du entgleitest,
wieder und wieder,
fallen
und
aufwachen
in tiefe Leeren hinein.

Wir leuchteten auf
wie Sternschnuppen,
die nebeneinander,
ineinander zogen,
nur um dann,
etwas weiter,
zu erlöschen
in dem unendlichen,
tiefen Schwarz,
das jedes Strahlen umgibt.

In mir wird aber
die Erinnerung
an unser Leuchten
niemals verblassen,
da ich erst durch Dich
verstand,
dass wir das,
was uns strahlen ließ,
auf ewig
in uns tragen.

Kapitel 5:

Vom Trauernden

Wie viel Schmerz
kann ein Mensch ertragen,
wenn kalte, schwarze Hände
sich viel zu früh,
viel zu schnell
das greifen,
was dem Herzen am Nächsten ist?

Unsichtbare Stricke ziehen meinen Hals so eng,
dass nicht gefundene Worte
sich stumm in der Watte verlieren,
die mein Sein umgibt.
Giftpfeile durchbohren mein Herz
und hüllen es in schwarze Gewänder,
die es langsam ersticken.

Wieso zwitschern Vögel am Himmel?
Sie sollen schweigen!
Wieso leuchtet die Welt noch in ihren Farben?
Sie soll ermatten!
Gerechtigkeit gibt es nicht an Tagen,
an denen man sich fragt,
wie viel Schmerz
ein Mensch ertragen kann.

Ich wandle in der Vergangenheit
wie auf einsamen Straßen.

~ Von verlorenen Wegen. ~

Müde bin ich,
dass es mich wach hält,
Nacht für Nacht,
vor Müdigkeit,
die mich,
Tag für Tag,
nur noch
müde,
müde,
...
müder
macht.

Seitdem Du nicht mehr da bist

Seitdem Du nicht mehr da bist,
hüllt sich die Sonne in dunkle Gewänder
und Vögel rasten weinend auf morschem Holz
von Bäumen, die keine Blätter mehr tragen.

Seitdem Du nicht mehr da bist,
hast Du eine Leere hinterlassen
in Deinem Sessel und in mir,
die durch nichts gefüllt werden kann.

Seitdem Du nicht mehr da bist,
fühle ich Deinen Blick vor allem dann,
wenn sich zwischen Deinem
und meinem Zuhause kein Dach zieht,
sondern nur Himmel,
blauer, strahlender Himmel,
in dem zwitschernde Vögel
im Licht einer strahlenden Sonne kreisen
und auf Bäume hinabblicken,
die grüne Blätter tragen.

Und wenn ich darüber nachdenke,
finde ich in meiner Leere mich selber
und in mir selber Dich wieder,
sodass ich Dein sachtes Atmen in Deinem Sessel
noch höre und,
seitdem Du nicht mehr da bist,
auch spüre in mir.

Wie soll ich?

Wie soll ich Schritte vorwärts gehen,
wenn ich wie gelähmt
von der Last erdrückt werde,
die Dein Verlust auf meine Schultern stemmt?

Wie soll ich ich sein-
ohne Dich?
Wie soll ich das, was Du warst,
verkörpern-
ohne Dich?
Wie soll ich unser Wir
hinter mir lassen,
wie in eine Zukunft blicken-
ohne Dich?

In Worten lässt sich kaum beschreiben,
wie es sich anfühlt,
Schritte langsam vorwärts zu denken,
während sich alles in mir
nach nichts mehr sehnt
als nach noch einer weiteren Stunde
mit Dir.

Liebe, Hoffnung, Glaube

Graue Schleier bedecken mich und meine Lider,
träge und schwer bewege ich mich durch Tage,
die ihren Sinn verloren zu haben scheinen
ohne Dich.

Doch hinter dem Grau meiner Ohnmacht
spüre ich ganz leicht eine Gewissheit aufleuchten,
eine Vorahnung von dem,
was von Dir und Deinem Leben
in mir bleibt.

Und wenn ich Dir davon erzählen könnte,
würde ich mich,
da ich durch Dich gelernt habe,
wie begrenzt unsere Zeit ist,
auf drei Dinge beschränken:

Erstens: Ich liebe Dich.
    Und ich wünschte,
    wir hätten mehr Zeit miteinander gehabt.
Zweitens: So sinnlos mir im Moment alles erscheint,
    hoffe ich,
    dass ich meinen Sinn verstehen und finden werde.
Drittens: Durch Dich glaube ich daran,
    dass ich in jedem Lachen,
    das mir begegnet,
    Dein Lachen noch spüren werde in mir.

Je mehr Zeit verstreicht

Je mehr Zeit verstreicht,
desto eher traue ich mich zu glauben,
dass mein Leben nach Dir
doch noch mein Leben sein kann.

Doch so sehr ich mich auch dränge,
den Blick nach vorne zu richten,
atmet meine Poesie
immer noch
durch Dich.

Licht in Licht (1)

Abschiednehmen fällt nicht leicht,
wenn der Abschied Formen annimmt,
die so endgültig erscheinen.

Was mir bleibt,
ist die Erkenntnis all dessen,
was ich durch unsere Begegnung lernen durfte.
Jetzt weiß ich,
dass verwandte Seelen
sich stets an ihrem Strahlen erkennen werden,
und dass das, was sie zum Leuchten bringt,
ein Bruchteil des Lichtes ist,
das alles zusammenhält.

Der Abschied schmerzt,
doch durch Dich habe ich verstanden,
dass die Finsternis, die uns umgibt,
nur der Schatten ist von Licht.
Und dass Seelen, die einander kennen,
immer Formen annehmen werden,
die sie in ihrem Strahlen mit dem verbinden,
was mit unserem Kopf schwer zu begreifen,
mit unserem Herzen aber klar zu sehen ist.

Endgültig erscheint mir somit nur eines:
Gott ist Licht, in Licht, in Dir und in mir.
Und Du und ich und alles, was uns umgibt,
sind eins in ihm.

Licht in Licht (2)

Abschiednehmen fällt nicht leicht,
wenn der Abschied Formen annimmt,
die so endgültig erscheinen.

Was mir bleibt,
ist die Erkenntnis all dessen,
was ich durch Dich lernen durfte.

Erst durch Dich habe ich verstanden,
dass all der Schmerz,
den ich jetzt durchlebe,
nichts anderes ist als Liebe,
aufrichtige, gütige, selbstlose Liebe zu Dir,
die sich jetzt,
da Du gegangen bist,
nur in einem anderen Gewand zeigt.

Denn erst jetzt erahne ich,
dass die Finsternis, die uns umgibt,
nur der Schatten ist von Licht.
Und dass das,
was uns zum Leuchten bringt,
ein Bruchteil des Lichtes sein muss,
das alles zusammenhält.

Endgültig erscheint mir somit nur eines,
das mit unserem Kopf zwar schwer zu begreifen,
mit unserem Herzen aber klar zu sehen ist:

Gott ist Licht, in Licht,
in Dir und in mir.
Und Du und ich und alles,
was uns umgibt,
sind eins
in ihm.

Während Raketen
auf unsere Mutter Erde
und auf unsere Schwestern und Brüder
abgefeuert werden,
ertönt in meinem Kopf nur noch ein Wort,
das alles verändern kann,
lauter und klarer denn je:

Menschlichkeit.

Worte gegen Hass (1)

Was helfen Worte
gegen Hass,
wenn er in Form von Gewalt
alle Grenzen überschreitet,
an die es sich nicht zu nähern gilt?

Worte gegen Hass
sind Worte der Toleranz und Solidarität,
und auch wenn sie ausgesprochen
nur Buchstaben auf Papier bleiben,
sprechen sie alle nur von der Kraft,
die durch keinen Hass und keine Gewalt
zum Schweigen gebracht werden kann:

Liebe.

Worte gegen Hass (2)

In diesen Tagen ist es still in mir,
Worte scheinen nicht greifbar zu sein
und verlieren sich im Geheule der Sirenen
und in den Tränen von Menschen,
die genauso fassungslos und ratlos sind wie ich.

Was helfen Worte gegen Hass,
wenn er in Form von Gewalt
alle Grenzen überschreitet,
an die es sich nicht zu nähern gilt?

Worte gegen Hass sind ausgesprochen
mehr als nur Worte auf Papier,
es sind Worte der Einheit und Solidarität,
es sind Worte der Freiheit in Zeiten,
in denen Gewalt und Unterdrückung
die Ordnung der Welt durcheinanderbringen.
Worte gegen Hass sind Worte,
die alle nur von der Kraft sprechen,
die durch keinen Hass und keine Gewalt
zum Schweigen gebracht werden kann:
Liebe.

Und da es die Liebe ist,
die die Welt und jeden von uns
im Inneren zusammenhält,
werden Worte gegen Hass
immer stärker sein als jeder Hass.

Immer und immer wieder wird
früher oder später nur eines siegen:
Liebe. Liebe. Liebe.

Mattes Glas

Hinter mattem Glas
erahne ich Dich
und strecke mein ganzes Sein zu dem,
was ich auf der anderen Seite
zu finden erhoffe.

Doch trotz aller Bemühungen
spüre ich in meinen Händen,
wie sehr ich mich auch strecken mag,
immer erst
Luft

und dann

nur noch
kaltes
und raues,
mattes
Glas.

Leere

Hinter stummen
Worten
finde ich
Löcher
in Löchern
in Leere
hinein.

Wohin gehst Du?

Während ich Dich anschaue,
ziehst Du weiter an Orte,
an denen Dich keiner sieht.

Tattoos auf meiner Seele

Ich trage diese Dinge,
wie Tattoos auf meiner Seele,
wo keiner wirklich sieht,
wie ich mich damit quäle.

Unnahbar und kalt bist Du,
weil Du die Nähe,
die Du eigentlich suchst,
und die Wärme,
nach der Du Dich sehnst,
hinter die Gitter Deiner schlechten Erfahrungen
und Enttäuschungen sperrst,
sodass kaum jemand erkennt,
dass Deine Unnahbarkeit
ein Schrei nach Nähe
und Deine Kälte
ein Wunsch nach Wärme sind.

All das Dunkle

Schau mir in die Augen,
siehst Du Dich in mir?
Siehst Du all das Dunkle,
in dem ich mich verlier?

Mögen sich dunkle Wolken
auch meterhoch
in und auf Dir türmen,
so werden sie doch nie
ganz das Strahlen
verdecken können,
das Dich und
alles,
was Du berührst,
umgibt.

Womöglich
wachsen uns erst Flügel
während des Falls.

Kapitel 6:

Vom Glaubenden

In todkranken Augen

Todkranke Augen
schauten mich wach an,
während mir müde Lippen
zu verstehen gaben,
dass ich wiederkommen solle,
da ich etwas Gutes ausstrahle.

Direkt vor mir
sah ich Gott
in todkranken Augen
lebendiger
und liebender
denn je.

יהוה ~ Gott ~ الله

ist
(für mich)

Licht

in
Licht

in
mir

.

Ruhelos
wandern meine Gedanken umher,
bis sie müde,
träge,
schwer,
in Deine Hände fallen
die sie aufgreifen und halten,
um sie,
langsam in den Schlaf schaukelnd,
zur Ruhe
kommen zu lassen.

Auf den Wogen
meines inneren
Meeres,
die Tiefen meiner
Leere
erspürend,
finde ich
durch Dich
mehr
zu mir.

Sufi

Ich drehe mich im Kreis,
immer und immer wieder
um mich selber herum,
bis ich aus dem Kreis heraus
aufsteige
zu
Dir.

Fließend

Fließendes Wasser
bist Du;
fließend gleitest Du
über all die wunden Stellen,
die an meinem Grund offen liegen,
und die ich vor der Welt verstecke-
außer vor Dir.

Fließend spülst Du alle Wunden frei,
bis ich lerne
barfuß
auf Wasser
zu gehen.

In der Kälte des Winters
wandert meine Seele müde umher,
rastlos bewegt sie sich,
ohne klaren Blick,
immer weiter weg
von mir,
bis ich spüre,
wie ich mir langsam selber entgleite
und mich verliere.

Doch während der Winterwind
mich langsam mit sich zieht,
erhellt ein bisher unbekanntes Licht
alles, was mich umgibt,
sodass ich,
geblendet,
falle
in mich auffangende,
mich wärmende Hände hinein,
die mich festhalten und
die meine innere Kälte ganz umschließen.
Und so beschützt, gehalten und gewärmt
komme ich an bei dem,
was selbst im kältesten Winter
in mir schlummert.

Sterne leuchten am Himmel
auf all das Dunkle auf der Welt hinab,
strahlen in Zuversicht und Wärme,
während sie mit ihrem Schein all das berühren,
was sich im Schatten der Fassaden erstreckt.

Wie viel man doch von Sternen lernen kann,
wenn man ihr Strahlen als Sprache versteht,
die man lesen kann.

Wie reich sind Menschen,
die in der Stille der Nacht
schweigend das empfangen können,
was sich über uns allen erstreckt.

Wie leuchtend könnte die Welt sein,
wenn Menschen lernen würden,
in der Sprache der Sterne
zu reden
und nach ihrer Weisheit
zu leben.

In warmen Häusern
reden eiskalte Seelen
über das,
was sie nicht haben.
Auf eiskalten Straßen
schweigen warme Herzen,
um jeden Atemzug zu hören,
den sie noch nehmen dürfen.

Und während sich der Schnee,
still und leise,
auf alles gleichermaßen,
zart und weiß,
legt,
schlägt das Herz der Welt
im Takt von
Einheit.

In einer Weihnachtszeit,
in der ein Virus
unser aller Leben bestimmt,
sollten wir Deine Botschaft
vor 2000 Jahren
vor allem jetzt
in unseren Herzen tragen:

Nächstenliebe.

Heiligabend

In der Stille
dieser Winternacht
erwacht durch Deine Geburt
ein leuchtendes Licht
in mir,
das mein ganzes Sein
und alles, was mich umgibt,
in einem unendlichen
Gefühl der Liebe erhellt.

Heute erahne ich:
Du bist Licht, in Licht,
in mir und in allem.
Du bist das, was Liebe ist,
und bist das, was nie vergeht.
Alles in mir und alles,
was mich umgibt,
sind eins
in Dir.

Kapitel 7:

Vom Heilenden

Neuanfänge
blühen
in den Seelen derer,
die vergeben.

Lauschst Du manchmal
dem Plätschern
des kleinen Baches,
der so oft überhört wird?

Die Stimme des Wassers
singt nur
von Dir.

Ich
bin
für
mich
genug

.

Der Prozess des Vergebens

Der Prozess
des Vergebens
währt lange,
zehrt an meiner Seele,
um sich Gehör zu verschaffen.

Dabei hilft nur:
Ich lasse die Gefühle zu,
damit sie mich biegen und formen,
damit sie mich lehren,
geduldig und gütig zu sein.

Im tosenden Gewühle
meiner sich selbst verarztenden Seele
lerne ich:
Es ist alles ein Prozess.
Neuanfänge können nur
in Seelen blühen,
die vergeben.

Zwischen
stummen Atemzügen
lasse ich mich
in das hineinfallen,
was zwischen den Zeilen steht.

Und lande
dieses Mal
sanft.

Du bist immer da,
mal leise, mal ganz laut,
und oft fühlt es sich an,
als ob du mich zerreißt,
von innen,
als ob du all deine Wut
in Wellen packst,
die sich über mir brechen
und die mich und das aufkeimende Leben in mir
immer wieder langsam ersticken.

In diesem Leben muss ich lernen:
Diesen Körper teile ich mit dir.
Und auch wenn ich dich zumeist
als eine meiner größten Bürden ansehe,
spüre ich doch:
Ohne dich wäre ich nicht, wer ich jetzt bin.
Erst aus dir heraus
konnte meine Stärke entstehen.

~ Laute Worte für alle,
die im Stillen an Endometriose leiden. ~

Prasselnd

Prasselnd
klopft der Regen
an mein Fenster
in einem Rhythmus,
der mich an
deinen und meinen
Herzschlag erinnert,
bevor es um und in uns
anfing zu regnen.

In diesem Moment begreife ich:
Es ist alles eins.
Denn was wir verloren glauben,
findet in anderer und
ungeahnter Form
zu uns zurück.

Es macht mir keine Angst mehr,
wenn du dich anschleichst
von hinten
und mir die Luft zum Atmen nimmst,
solange bis ich ausgelaugt
zu Boden falle und liegen bleibe,
weil ich die Schmerzen kaum ertrage,
die du durch Bilder und Worte
immer und immer wieder
in mir auslösen kannst.

Du machst mir keine Angst mehr,
seitdem ich verstanden habe,
dass du hinter deiner düsteren Fassade
verzweifelt nach Aufmerksamkeit schreist,
damit ich die offenen Wunden wahrnehme
und nicht ignoriere,
die mich erst zu dem gemacht haben,
was ich bin.

Du, als Teil von mir,
machst mir keine Angst mehr,
seitdem ich dich umarme und dich da sein lasse,
und versuche all das Dunkle in mir
gleichermaßen lieben zu lernen
wie das Helle
in der Zuversicht,
dass es kein Licht gibt ohne Dunkelheit
und keine Dunkelheit ohne Licht.

Schneeflocken
flocken
in stillen Bahnen
aus weißen Wolken,
stehend,
ziehend,
am Himmel,
unendlich,
auf mein
endliches
Ich.

Und ich flocke,
und ich falle,
in Unendliches hinein
und werde

weiß.

Meditation

Wenn die Welt um mich herum laut wird
oder Gedanken in mir aufziehen,
die sich lautstark festsetzen,
um gehört zu werden,
lerne ich den Ort aufzusuchen,
der uns allen innewohnt,
und an dem alles,
schweigend,
nur eines ein-
und ausatmet:
In
mir
ist
es
~
ruhig.

Im Grunde
lehrte mich
das unaufhaltsame
Verrinnen der Zeit
eines
unaufhörlich,
in all seiner Schönheit:

Ich heile.
Und ich
werde geheilt.

Kontakt:
E-Mail: schreibecalis@gmail.com
Instagram: calis_lyrik
Vertonte Poetry-Slam Texte auf Youtube: Calìs